AF242681

LES
VERTUS RÉPUBLICAINES

PAR

ARBOUSSE-BASTIDE

PARIS

J. BONHOURE ET Cie, ÉDITEURS

48, RUE DE LILLE, 48

—

1880

LES
VERTUS RÉPUBLICAINES

Y a-t-il donc des vertus qui soient spécialement républicaines, et qui ne puissent en quelque
sorte exister, ou tout au moins se développer
que sous un gouvernement républicain ? Ce n'est
point là notre pensée ; mais ce que nous voulons
dire, c'est que le régime républicain exige tout
particulièrement la mise en pratique de cer-
taines vertus, et, d'une manière générale, pour
être vrai et durable, réclame plus de vertu que
tel autre système de gouvernement.

C'était là notre conviction, et nous avions déjà
dans l'esprit les principales idées de cette bro-
chure (1), mais avant de l'écrire nous avons
voulu savoir la pensée de Montesquieu sur ce
sujet. Or, quelle n'a pas été notre satisfaction,
quand nous avons lu les lignes suivantes dans

____

(1) Elle a paru en articles dans le *Signal*, excellent journal
hebdomadaire, dont nous recommandons vivement la lecture.
Prix de l'abonnement : 8 fr. par an.

l'*Esprit des lois*, livre III, chapitre III, intitulé : *du Principe de la démocratie.*

« Il ne faut pas beaucoup de probité pour qu'un gouvernement monarchique ou un gouvernement despotique se maintiennent ou se soutiennent. La force des lois, dans l'un, le bras du prince toujours levé, dans l'autre, règlent ou contiennent tout. Mais dans un état populaire, il faut un ressort de plus qui est *la vertu.*

« Il est clair que dans une monarchie, où celui qui fait exécuter les lois se juge au-dessus des lois, on a besoin de moins de vertu que dans un gouvernement populaire, où celui qui fait exécuter les lois sent qu'il y est soumis lui-même et qu'il en portera le poids. »

Nous l'avouons, nous sommes heureux que la vertu, d'après la grande autorité de Montesquieu, soit plus nécessaire sous le régime républicain que sous tout autre régime : ce sera là pour nous un argument que nous ne négligerons pas de faire valoir. Tout bon républicain doit donc être un homme vertueux.

Mais si la vertu, d'une manière générale, est nécessaire à la vie même de la République, il est vrai aussi qu'il y a des vertus qui sont spécialement républicaines. Quelles sont ces vertus ?

1. — La première, dont le beau nom se présente tout de suite à la pensée quand on parle de République, c'est la *simplicité.* La simplicité de mœurs est cette vertu naïve et charmante qui apprécie les choses et les hommes selon leur valeur et leur mérite, sans se laisser éblouir par quoi que ce soit d'artificiel, de factice ou

d'emprunté. L'homme simple est toujours droit, sans prétention, sans ambition ; il aime à être, non à paraître, à rendre des services et non à recevoir des ovations. La simplicité, comme la vérité, sa sœur, n'est parée que d'elle-même. Nous admirons cette simplicité dans les beaux jours d'Athènes et de Rome ; elle brillait au temps de leur splendeur. Il était beau de voir un Fabricius, un Cincinnatus, quitter leurs champs pour aller sauver la patrie, et retourner à leur charrue comme simples citoyens, après avoir commandé comme consuls ou dictateurs. Cette simplicité de mœurs eut, hélas ! bien vite disparu, et quand elle s'éclipsa, c'est que Rome et la Grèce penchaient vers leur décadence. Quand le luxe entra dans les mœurs, que les généraux vainqueurs arrivèrent gorgés des dépouilles du monde, qu'ils se bâtirent des palais de marbre, se couvrirent d'or, s'entourèrent d'une armée de *clients* ou d'esclaves et se firent une sorte de cour, cet appareil royal troubla les institutions républicaines ; l'*Imperator* devint *Empereur*, et César devait rire un tant soi peu de la charrue de Cincinnatus. Mais Rome avait lieu de pleurer avec sa liberté, cette simplicité perdue. Les dépouilles du monde conquis devinrent « la proie d'un joueur de flûte ! »

Il est évident que le luxe d'ameublements, d'équipages, de gardes, cette pompe, ces palais, ces trônes, ces grands officiers aux somptueux salaires, cette aristocratie qui semble faite pour recevoir sur elle les reflets de la souveraine grandeur, tout cela peut convenir aux monarchies, mais jure avec les mœurs républicaines. — Les cours ainsi luxueuses sont des écoles de luxe, et la plupart du temps, de corruption. La ville imite la cour, la campagne imite la ville :

> Tout bourgeois veut bâtir comme les grands seigneurs,
> Tout petit prince a des ambassadeurs,
> Tout marquis veut avoir des pages.

Les mœurs républicaines doivent être tout autres. Là, point d'apparat, point d'ostentation. La réalité doit y remplacer la fiction. Le chef de l'Etat n'a pas besoin, pour en imposer aux citoyens, de s'enrubanner, de se galonner, de s'empanacher de diamants comme le schah de Perse. Il n'a que faire d'une cour, d'une aristocratie, d'une noblesse, de légions de favoris : il n'a pas de faveurs à dispenser ; il n'y a pas besoin d'avoir des titres ou des armoiries pour avoir droit aux charges les plus hautes : il suffit à chaque citoyen de sa valeur propre et de sa vertu propre pour avoir sa part d'autorité et de pouvoir.

On le reconnaîtra, cette vertu, qui est le gage et la condition de tant d'autres, cette vertu qui détonnerait dans une monarchie, convient à la république, tellement qu'il faut se méfier comme d'un danger de tout ce qui pourrait y porter atteinte.

Nous avons à y revenir, c'est-à-dire à remonter bien haut ; ici le progrès est en arrière. Nous avons à réagir contre les traditions monarchiques et aristocratiques, contre ce besoin de représentation et de mise en scène qui est tellement ancré dans nos mœurs, et à nous en tenir à la simplicité républicaine dont Franklin a donné un si attrayant exemple à la cour de Louis XVI.

La simplicité, avons-nous dit, est la sœur de la vérité, qu'elle tient par la main et qui la suit partout. Pas de machiavélisme dans les relations extérieures pas plus que vis-à-vis des citoyens. L'Etat, qui est l'expression de la volonté nationale, n'a d'ailleurs aucun intérêt à cacher son jeu, pas plus que les citoyens à cacher leurs opinions, puisqu'il règne une complète liberté de les produire. La dissimulation, sous toutes ses formes, est indigne d'un citoyen libre et du gouvernement d'un peuple libre. Que de hontes, que de catastrophes auraient été épargnées à la patrie, si ses gouvernements avaient su garder le respect, le culte sacré de la vérité !

II. — La simplicité n'entend rien à la casuistique ; elle ne tergiverse jamais sur la question de devoir et, le premier devoir pour tout citoyen, c'est le *respect des lois*. Or ce devoir prend encore un caractère plus sacré sous la forme républicaine. Ici, la loi, ce n'est pas l'acte arbitraire d'un monarque ou d'un dictateur, c'est l'expression de la volonté nationale, au-dessus de laquelle il n'y a rien, si ce n'est l'ordre éternel de la morale et de la justice auquel doivent se conformer toutes les lois. Si les lois, qui émanent du peuple, ne sont pas obéies, je dis plus, respectées, il ne reste plus rien que l'anarchie et la destruction. Sous le régime de l'égalité, de la souveraineté du suffrage et de la liberté complète d'examen, il est naturel de voir se former dans les républiques un esprit de fierté, d'indépendance, qui tend à devenir un esprit d'insoumission. Il est bon d'y prendre garde et de se dire que cet esprit d'indépendance est un crime quand il se transforme en révolte contre la loi. ..

La révolte contre la loi, c'est l'ébranlement des libertés publiques. La loi n'est pas la gêne, c'est la règle et la condition de la liberté. « On prend quelquefois l'autorité et la liberté pour des ennemies, dit M. Jules Simon (La *Liberté*, ch. III); singulières ennemies, qui ne peuvent pas vivre l'une sans l'autre. L'autorité est aussi nécessaire à la liberté politique, que la loi naturelle à la liberté morale. » Citons encore cet apologue, ou si l'on veut ce dialogue de Solon sur *la Loi et la Liberté* :

> La Liberté disait : « Quoi ! toujours sur mes pas !
> Tu me gênes, ô Loi, ta présence m'assiège. »
> La Loi lui répondit : « Je ne te gêne pas ;
> Je te garde et je te protège. »

Après les préceptes, les actes. On connaît cette sublime histoire. Socrate est iniquement condamné à boire la ciguë. Mais Criton et ses amis ont préparé les moyens de l'évasion, et tandis que le sage discute tranquillement avec ses disciples en larmes sur l'immortalité de l'âme, on vient lui proposer de s'échapper : « Ne voyez-vous pas, répond le grand philosophe et le grand citoyen, qu'en franchissant le seuil de la prison, il me faudrait marcher sur le cadavre de la Loi ! »

Voici un autre fait, beaucoup moins éclatant, mais aussi beau peut-être. Il s'est passé, non à Athènes, mais à Arras, pendant les jours néfastes de la Terreur. Une douce et jeune femme, Madame de M..., vivait retirée dans une terre en

Artois. Elle reçoit du représentant du peuple, Jean Lebon, l'ordre de se rendre à Arras pour y être détenue comme suspecte. Elle s'y rend avec sa fille unique, âgée de sept à huit ans. Elle se présente à la prison : « Citoyenne, lui dit-on, il n'y a point de place ici, mais promets de ne pas t'échapper et de te représenter quand tu seras appelée, et tu peux aller te loger à l'auberge que tu voudras. » Madame de M... le promet et va se loger dans la ville.

Le lendemain elle reçoit l'ordre de se présenter au tribunal révolutionnaire ; elle s'y rend seule, elle est jugée. On lui dit : « Citoyenne, tu es condamnée à mort, mais on se confie à toi : retourne à ton auberge, donne-nous ta parole d'honneur de te présenter demain à la prison. » Madame de M... donne sa parole d'honneur, retourne chez elle, remplit ses devoirs religieux, cause toute la soirée avec sa fille de ce dont elle veut que cette enfant se ressouvienne, la place à ses côtés pour la dernière nuit, pleure sans bruit, serre longtemps dans ses bras sa fille qui repose, reprend la sérénité quand elle la voit se réveiller, l'embrasse encore... et va mourir (1) !

La révolte collective contre la loi est le plus grand des crimes, surtout sous une République, où il prend le caractère d'un attentat contre la volonté nationale. De plus ce crime est insensé.

---

(1) Ce respect d'une loi inique, nous le trouvons ici chez une dame noble, qui n'était pas républicaine, c'est vrai. Mais il est beau pour nous, républicains, d'aller chercher chez nos respectables adversaires politiques l'exemple de vertus qui doivent être tout particulièrement les nôtres.

En effet, de deux choses l'une : la fin de cette révolte, ce sera la victoire ou la défaite ; si c'est la victoire, elle précipitera dans les excès les partis extrêmes et ces excès amèneront des réactions, qui compromettront inévitablement la République; si c'est la défaite, la réaction est là et le despotisme est à la porte. La révolte est un non sens, sous un régime où le suffrage universel peut changer l'état des choses, à courte échéance.

III. — La vertu qui correspond au respect de l'autorité, c'est *le respect de la liberté :*

De la part des citoyens vis-à-vis de leurs concitoyens ;

De la part des gouvernements vis-à-vis des citoyens.

1° La liberté est la noble passion des républiques démocratiques, mais cette passion peut voir trouble, et agir à contre sens. Le devoir élémentaire de la liberté, c'est de respecter la liberté. Mais, hélas ! ce devoir est un des moins compris et des moins bien pratiqués. Nous aimons la liberté pour nous, et non pour les autres. La force même de nos convictions nous est à piège et nous pousse à une sorte de fanatisme attentatoire à la liberté. Cela est cruellement vrai dans l'ordre religieux, mais aussi dans l'ordre politique. Nous voudrions voir tout le monde de notre avis, et cela est tout naturel quand nous sommes convaincus que le triomphe de notre opinion ferait le bonheur du monde. Mais voilà, nos adversaires pensent le contraire, et ils ont le même droit que nous de penser le contraire. Eh bien, l'esprit libéral consiste, non pas seulement à supporter, mais à respecter la pensée qui heurte la nôtre. Le véritable ami de la liberté, non-seulement ne gêne point l'expression des convictions opposées aux siennes et ne s'en irrite point, mais il ne va point chercher de mauvais motifs et supposer des mobiles intéressés et indignes. Et à quoi bon? Hélas! notre nature humaine est si faible, que les idées les plus fausses et les plus absurdes peuvent loger dans les esprits les meilleurs et dans les cœurs les plus droits. Comprenons donc qu'on peut aimer son pays autant que nous, l'aimer et croire très sincèrement le servir par des moyens qui nous semblent nuisibles, et qu'avec des vues politiques absolument opposées aux nôtres et au bien du pays, on peut demeurer honnête homme et bon citoyen. Que l'amour de la liberté élargisse notre esprit et notre cœur, et nous apprenne à juger avec plus de bienveillance nos adversaires!

Toutefois, s'il faut les respecter, il faut combattre leurs idées. Mais l'idée ne peut être repoussée que par l'idée. Je ne connais d'autre arme de combat que la persuasion. Or, ce combat loyal et honnête, respectueux envers les personnes, est d'autant plus fort pour le triomphe de la vérité. En tout cas, il est le seul digne d'elle. L'injure, la violence, la calomnie, l'affreux soupçon, le dénigrement, la polémique brutale, telle que nous en avons vu trop souvent de honteux exemples, sont des procédés voisins de la persécution et frères de l'intolérance. L'ami de la liberté méprisera de telles armes et les laissera aux mains des hommes indignes de la liberté.

Mais les gouvernements ont d'autres armes, et ils sont gouvernements pour en faire usage quand il y a péril pour la société. Toutefois,

2° Le respect de la liberté des citoyens doit être la grande vertu des gouvernements républicains.

Il n'y a au fond que deux sortes de gouvernements : le gouvernement autoritaire et le gouvernement libéral.

Ce qu'on appelle l'ancien régime était le régime autoritaire pur. A la tête de l'Etat, un monarque, de droit divin, édictait les lois, réglait la religion, prélevait l'impôt, disposait du bien, de la liberté, de la vie de ses sujets, selon son bon plaisir. M. de Bonald a fait la théorie de ce beau système qui se résume en deux mots : l'Etat caserne ou couvent. M. Joseph de Maistre, poussant jusqu'au bout la logique, ne voit au monde que deux hommes, le pape et le bourreau. Le pape est la tête qui pense, ou plutôt qui interdit de penser, mais émet des oracles ; qui règle la religion, les lois, les mœurs, et dispose du bras du prince pour l'exécution de ses ordres.

Voilà l'idéal du système autoritaire qui se confond avec le système ultramontain.

On voit que ce gouvernement ne s'occupe de la liberté que pour l'étouffer.

Chose étonnante et éternellement déplorable ! il y a eu un autre régime qui lui a ressemblé et qui, il faut l'avouer avec douleur, a porté le nom de républicain. C'est le gouvernement de 93, qui, arrivant au nom de la liberté, mais arrivant comme l'explosion de la colère populaire affolée contre ses anciens oppresseurs, a fait fi de la liberté, aussi bien que l'ultramontanisme, et lui a dérobé ses armes. Il semble avoir pris pour conseiller le sombre génie des inquisiteurs pour poursuivre les hérésies politiques, et avoir mis à sa tête, selon la théorie ultramontaine, un pape et un bourreau : le pape Robespierre ou Marat et l'échafaud en permanence. Ce sinistre gouvernement, parodie sanglante du gouvernement républicain, aurait tué la République, si elle avait pu périr.

Elle revit, grâce à Dieu, mais son souci doit être de répudier toute solidarité vis-à-vis de cette république aussi autoritaire que la vraie doit être libérale.

Qu'est-ce qu'un gouvernement libéral? « La politique de ce gouvernement, dit M. J. Simon (*La Liberté*, ch. III), n'est pas autre chose que le discernement exact de ce qui doit être laissé à la liberté en vertu de son droit, et à l'autorité en vertu de sa nécessité. »

On a fait une découverte depuis Louis XIV et depuis 93, on a découvert l'*individu*. On a enfin compris que l'individu était quelque chose, qu'il existait pour lui-même, que les peuples n'étaient pas faits pour les gouvernements, mais les gouvernements pour les peuples ; que les droits de l'individu étaient de croire, de penser, et puis d'agir selon sa conscience et sa pensée ; et que c'était là le véritable droit divin que le faux droit divin des rois avait méconnu, insulté, odieusement foulé aux pieds. Oui, quand Louis XIV opprimait la conscience de la plus humble paysanne huguenote, ce Louis XIV, qu'on le sache bien, commettait un crime de lèse-majesté et, au nom d'un faux droit divin, violait en elle le vrai droit divin.

Cependant les droits de l'individu ont des li-

mites : ces limites sont la moralité, la sécurité
publique, les droits des autres individus et de
la société. Nul de nous ne vit pour soi-même,
dit saint Paul. Nous avons des devoirs sociaux.
La liberté de l'individu ne l'autorise pourtant pas à
porter atteinte à la propriété, à la liberté, à l'honneur, à la vie de son prochain. L'Etat a été créé
tout exprès pour les faire respecter. Il a reçu la
grande mission de sauvegarder les intérêts maté-
riels, intellectuels et moraux du pays. C'est pour
cela qu'il est armé et qu'il a le droit de réclamer le concours et le dévouement des citoyens,
selon les circonstances. Il a, par conséquent, le
droit et l'impérieux devoir de surveiller la moralité publique et l'enseignement public.

Il est impossible de fixer ici des règles abso-
lues. Le vrai sens politique consiste à discerner,
dans chaque cas donné, ce qu'il faut et ce qu'il ne
faut pas ; mais que le gouvernement qui veut être
libéral ne l'oublie pas un instant : sa grande préoc-
cupation doit être de ne prendre aux libertés
individuelles que ce qu'il ne peut pas leur
laisser.

Or, il y a une part qu'il ne peut pas leur laisser ; c'est la légitime défense de la société qu'il
est chargé de défendre.

Il doit pourtant user d'une grande modération,
d'une grande longanimité, éviter, autant que possible, de brusquer les situations, ménager les
transitions, attendre beaucoup du temps. Il
arrive par là à une autre vertu qui est aussi
bien nécessaire aux républiques et surtout aux
républiques de fondation récente, c'est la patience.

IV. — La *patience* n'est pas précisément une vertu nationale. Nous sommes un peuple au génie vif, alerte, aux promptes résolutions, aux exécutions soudaines. Je ne sache pas que jamais la France ait produit de Fabius Cunctator. Je sais, au contraire, que la *furia francese* a été plus d'une fois, hélas ! se briser contre la résistance froide de nos ennemis.

L'histoire en fournit de trop célèbres exemples: Poitiers, Azincourt, etc.

Il y a quelque chose de beau, de foudroyant quelquefois dans son élan, et je ne voudrais pas voir se perdre cette vertu noble et française. Mais il faut qu'elle sache se concilier avec la patience. Si l'impatience a perdu tant de batailles, qui sait combien de partis politiques elle a perdus aussi !

M. Thiers nous disait : « La république sera votre prix de sagesse. » Et il a eu bien raison. La patience est une grande portion de la sagesse. Je ne suis pas un flatteur, mais je suis bien tenté de faire des compliments à mon pays, à cette occasion. Eh bien ! oui, il faut le reconnaître, nous avons fait quelques progrès sous ce rapport ; c'est parce que la France a su patienter, qu'elle a eu sa république. N'y aurait-il pas de quoi dresser des autels à une vertu qui porte avec soi de si belles récompenses ! Toutefois, dites-vous bien ceci : cette vertu n'est pas seulement bonne pour le passé, elle est bonne aussi pour l'avenir. Quoique vous pensiez la bien tenir, votre chère république, elle pourrait pourtant vous échapper, si vous manquiez de patience.

Ne soyons pas comme les enfants qui, après

avoir semé une graine dans un pot à fleurs, vont voir le lendemain si elle n'est pas un arbre, et la déterrent tous les jours pour savoir les progrès qu'elle a faits.

La transformation d'un grand pays ne se fait pas en quelques mois, en quelques années. L'enfantement des grandes choses est long et laborieux. *Tantœ molis erat romanam condere gentem,* disait le poète. S'il a fallu tant de labeurs, et de patients efforts pour fonder la patrie romaine, que sera-ce pour transformer les mœurs traditionnelles de notre patrie et y faire passer l'esprit nouveau ?

La marche de la république est d'autant moins rapide qu'elle est plus respectueuse de toutes les libertés. Il faut que le classique vaisseau de l'Etat (qu'on me passe cette vieille image mal appliquée à un vaisseau neuf), il faut que ce susdit navire manœuvre à travers toute sorte, je ne dirai pas d'écueils, mais d'obstacles ; obstacles provenant de ses ennemis, obstacles provenant surtout de ses amis, dont les uns voudraient aller trop vite, les autres trop lentement. Ah ! qu'une dictature aurait plus vite fait la besogne ! Et cependant vous ne voudriez pas, n'est-il pas vrai, l'appeler à votre secours !

Il faut donc se résigner, non-seulement à des lenteurs, à des tiraillements inévitables, mais encore à des compromis, à des lacunes provisoires sans doute, mais qu'il est nécessaire de supporter.

V. — La *résignation*, puisque nous y voici arrivés, n'est pas seulement une vertu chrétienne, c'est encore une vertu nécessaire à la république.

Elle s'appellera, si vous l'aimez mieux, l'*abné-gation*. L'abnégation, c'est la patience agrandie, la patience élevée à sa plus haute puissance. Cette vertu peut-être envisagée : 1° Quant aux idées ; 2° quant aux personnes.

1° Quant aux idées. Il faut s'entendre. Nous n'avons pas le droit de ne pas être de notre avis, et ce ne peut être un devoir d'immoler à la patrie notre opinion, quand nous croyons que notre opinion peut la servir. Mais voici en quoi consistera cette patriotique résignation. Quand il s'agit d'idées secondaires, quoique importantes, il faut non-seulement savoir accepter de bonne grâce le vœu des majorités, mais ne pas agiter le pays, ne pas l'entretenir dans une fièvre malsaine, ne pas l'arrêter dans sa marche pour l'occuper perpétuellement de nos questions particulières. Quand on sait que nos institutions républicaines sont entre des mains honnêtes et capables, harceler le pouvoir, lui faire perdre son temps, le discréditer : qu'on le sache bien, c'est amoindrir la république. Les partis qui manquent de cette vertu deviennent vite des factions, et les factieux, même sous la forme la plus bénigne, sont de mauvais citoyens, qu'il ne faudrait jamais admettre à la direction de l'Etat.

2° Mais il est rare que ces agitations fomentées par les partis mécontents ne cachent pas des ambitions personnelles. C'est surtout ici qu'il y a lieu de recommander l'abnégation, cette vertu utile sous tous les régimes, mais tout particulièrement nécessaire sous le régime républicain.

En effet, la république, c'est le régime de l'égalité. Il est et sera de plus en plus celui de l'ins-

truction pour tous ; par conséquent, tous les citoyens recevant la même instruction, beaucoup
se sentiront des aptitudes réelles pour le gouvernement, beaucoup pourront prétendre en
avoir même de supérieures et avoir des idées
meilleures pour le bien de l'Etat ; et comme ils
ont, au fond, les mêmes droits, pourquoi n'en-
treprendraient-ils pas d'avoir les premières pla-
ces ? Dans les monarchies ou dans les oligarchies,
il n'y a qu'une certaine classe de citoyens où la
tentation d'arriver soit possible ; tandis que sous
le régime démocratique, la grande concurrence
est ouverte, toutes les ambitions sont déchaînées.
Mais on a beau avoir les mêmes droits, les mêmes
compétences, les mêmes titres, — tout le monde
ne peut pas arriver. On dit bien que chaque sol-
dat porte dans sa giberne le bâton de maréchal
de France ; mais la difficulté, c'est de l'en faire
sortir. De même, il n'est pas un ébéniste, pas un
épicier qui n'ait le droit d'être premier ministre.
Mais si l'ambition d'être premier ministre, ou
ambassadeur, ou député, entre dans toutes les
têtes, nous sommes perdus. Je sais bien, mon
très honorable lecteur, qu'on a nommé ambassadeur, député, sous-préfet ou conseiller M. de
Chançard, qui n'est ni plus noble ni plus capable
que vous ; mais, de grâce, si tous ceux qui sont
(ou se croient) capables d'être conseillers, sous-
préfets, ambassadeurs ou ministres, étaient nom-
més au poste qu'ils méritent, il ne resterait bien-
tôt en France guère plus d'administrés. Soyons
donc raisonnables. Si nous avons des capacités
méconnues, ayons surtout celle du dévouement
pour servir notre pays. Résignons-nous à n'être

qu'utiles, nous en trouverons toujours les moyens. Cela vaudra mieux pour notre pays que de tramer de petits complots, d'écrire, de pérorer, de critiquer, de faire de l'agitation pour mettre notre chétive (1) individualité à la place de telle autre.

VI. — Cette passion malsaine de s'emparer des positions acquises se mêle à beaucoup d'égoïsme, de basse jalousie, et ne va pas sans injustice. Or, une autre vertu qui devrait être républicaine, mais qui l'est très peu, c'est la *reconnaissance*.

Chose humiliante à constater : toutes les républiques, autant du moins que je suis renseigné, — toutes ont été ingrates. Notons çà et là quelques faits :

Epaminondas... presque condamné à mort par Thèbes, dont il a fait la puissance;

Lycurgue... obligé de se vouer à l'exil après une révolte où il faillit perdre la vie, dans Sparte, dont il est le glorieux législateur;

Miltiade, le vainqueur de Marathon, à qui certes on n'aurait jamais pu payer sa victoire, condamné à payer une défaite, et mort en prison parce qu'il ne put pas acquitter sa dette;

Thémistocle, le vainqueur des Perses, mort en exil;

Alcibiade, mort en exil;

Phocion, le plus sage des généraux;

---

(1) Pardon, honorables lecteurs, je retire cet adjectif choquant et je corrige ainsi : Votre individualité, quelque importante qu'elle soit.

Socrate, le plus sage des hommes, condamné à mort.

Annibal, le sauveur et la gloire de Carthage, réduit à s'empoisonner.

Et à Rome, que se passe-t-il ? *Spurius Cassius*, trois fois consul, trois fois vainqueur, précipité de la roche Tarpéienne ; *Manlius*, sauveur du Capitole, précipité du haut du Capitole ; *Camille*, en exil ; les *Scipion*, en exil. Arrêtons-nous à cette parole de Scipion quittant Rome : *Ingrata patria, tu ne quidem ossa mea habebis*. « Ingrate patrie, tu n'auras pas même mes os ! »

Maintenant, ferons-nous notre procès ? Nous aurions, hélas ! trop à dire de la première république, de la seconde, et même quelque peu de la troisième. Sans doute, les mœurs sont changées. Nous n'en sommes plus à ces temps à jamais déplorables où le sombre génie du soupçon planait, le glaive à la main, sur notre France atterrée ; où les partis se dénonçaient, se proscrivaient, se dévoraient ; où les convictions les plus honnêtes, le patriotisme le plus pur, les services les plus éclatants, n'arrêtaient point le fanatisme féroce des bourreaux. Ces affreux débordements de la première république ont à juste titre discrédité et perdu pour trois quarts de siècle la république.

Nous n'avons plus comparativement aujourd'hui que de bénignes ingratitudes ; cependant elles méritent bien leur place dans l'histoire, qui les a inscrites au dossier de certains hommes du jour. Eh ! bien, chers concitoyens, au nom des intérêts de la patrie et aussi de notre dignité personnelle, ayons horreur d'être ingrats. Soyons assez équitables, assez larges de cœur pour rendre justice à tous, même à nos adversaires, même à certains ennemis de la République (1). Ayons assez d'intelligence pour comprendre qu'on peut, après tout, croire servir réellement son pays en le servant d'une tout autre manière que nous. Surtout n'incriminons pas les intentions : nous n'en avons pas le droit. Ne soyons ni les adorateurs du succès, ni les insulteurs de la défaite. Il y a quelquefois, dans les jours sinistres de l'histoire, des situations impossibles d'où les plus grands citoyens ne peuvent sortir que par le sacrifice de leur popularité : c'est peut-être là le plus grand des sacrifices pour un républicain. C'est encore de l'ingratitude que d'être trop difficultueux vis-à-vis du pouvoir. Sachons qu'il est malaisé de gouverner un peuple libre. Il est plus facile d'être un Louis XIV qu'un Washington. Tels actes qui nous étonnent de la part des hommes qui sont au pouvoir et que nous nous hâtons de blâmer, nous aurions dû peut-être y consentir, si nous avions été à la place de nos gouvernants. Ne précipitons pas nos jugements sur les hommes politiques. Je suis convaincu qu'il est impossible d'écrire impartialement leur histoire pendant leur vie et longtemps après. Combien de jugements trop sévères ou calomnieux sont rectifiés par la postérité impartiale ! Que les hommes sages prennent ici une leçon, et s'il ne nous est pas possible de devancer la postérité, sachons

---

(1) Ne devrais-je pas ajouter : même aux fondateurs de la République !

au moins nous garder de l'ingratitude, qui est de l'injustice. Soyons plutôt réservés et indulgents.

VII. — Je me trouve arrivé bien près d'une dernière vertu, que j'appelle aussi républicaine, qui doit être comme l'épanouissement de toutes les autres et le couronnement glorieux de la statue de la République. Je l'appelle : *la bienveillance*.

La République, telle que nous la concevons du moins et telle qu'on nous l'a promise, ce n'est pas la coupeuse de têtes de 93, ce n'est pas la virago de Barbier « avec ses bras rouges de sang » ; Dieu nous en préserve ! Au contraire, elle porte sur son écusson ce beau mot : *Fraternité*. Comment pourrait-elle se passer de bienveillance ? Elle arrive enfin, à la voix de la Patrie qui l'a acclamée, non pas comme une Furie vengeresse, mais comme la grande réparatrice. Issue du suffrage de tous, elle se doit également à tous, et si elle a des sollicitudes plus tendres, elles seront sans doute pour les plus déshérités. Mais pour être l'amie du peuple, elle n'a pas besoin d'être rancunière envers les grands. Elle ne s'appuie sur aucune aristocratie, mais elle ne dédaigne aucune supériorité. Elle est d'ailleurs assez forte pour être douce ; sa douceur ajoutera à sa force, comme sa violence d'autrefois a fait sa ruine, et certainement la ferait encore. Donc, sa sereine bienveillance, c'est-à-dire son respect du droit de tous et des mérites de tous, son insouciance des mesquines attaques, la répartition généreuse de ses bienfaits, même sur ceux qui la dénigrent, son appel sincère à toutes les bonnes volontés, — voilà le rayonnement qu'elle doit répandre sur ses détracteurs obscurs ou illustres. Ralliera-t elle les plus obstinés ? Si elle se conduit ainsi, elle en serait digne. Ne nous berçons pourtant pas de chimériques illusions, mais soyons certains que si la République montre enfin au monde le spectacle nouveau du gouvernement de la Bonté, forte, intelligente, équitable, réparatrice, — il y aura une puissante attraction en elle.

Maintenant, qu'on nous permette une réflexion importante.

Toutes ces vertus, que nous avons montrées comme nécessaires à la République, nous les revendiquons comme procédant d'une puissante personnalité qui domine l'histoire, de quelqu'un qu'on a appelé le premier des républicains (et qui est bien autre chose encore !) — Vous avez nommé Jésus-Christ.

Sans doute, nous avons pu reconnaître et admirer quelques-unes de ces vertus : la simplicité des mœurs, le respect des lois, par exemple à Rome et à Athènes, et c'est à ces vertus républicaines pratiques que ces anciennes républiques ont dû leur grandeur, mais elles ont manqué toutes de la grande vertu qui engendre toutes les autres, la fraternité ; elles n'ont pas connu l'égalité native et véritable de l'homme, elles n'ont pas su comprendre la vraie liberté et la respecter. Aussi ces républiques se sont-elles écroulées dans l'anarchie et le despotisme.

Méconnaître les vertus civiques des païens,

ce serait une grande erreur historique et une injustice; mais ce serait une injustice plus grande encore et plus dangereuse de méconnaître l'importance politique et sociale de Jésus-Christ.

Oui, proclamons-le hautement, c'est Jésus de Nazareth qui a été le modèle, l'exemple vivant, le grand initiateur dans le monde de ces nobles vertus que nous venons d'énumérer.

Dans ce pays d'Orient, qui est le pays de l'ostentation et de la mise en scène, le prophète galiléen n'a-t-il pas été un type adorable de *simplicité*? Simplicité dans sa vie domestique auprès de Joseph charpentier; simplicité dans le choix de ses disciples qui étaient presque tous des artisans; simplicité dans ses goûts : il refuse deux fois les honneurs royaux; simplicité jusque dans son triomphe : il entre à Jérusalem sur la plus humble monture; mais surtout simplicité (1) dans sa parole. Ici, je l'avoue, il n'y a point de bornes à mon admiration. Je comprends celle de Pascal qui a dit de Jésus : Il parle si simplement des plus grandes choses et même des choses divines, qu'on sent qu'il y est accoutumé. Si l'adage de Buffon est vrai; le style c'est l'homme, certainement Jésus-Christ est la perfection même dans la simplicité.

C'est encore Jésus-Christ qui, comme Socrate et mieux encore que Socrate, nous a enseigné le *respect des lois*. La position était étrange :

---

(1) N'oublions pas ce que nous avons dit : la vérité est la sœur de la simplicité, et une des plus grandes preuves, pour qui sait la sentir, de la vérité de ce que dit Jésus-Christ, c'est la simplicité de son langage.

au fond il venait tout transformer et il a tout respecté. Les lois mosaïques, il les observe : il est venu non pour les abolir, mais pour les accomplir, et cependant l'esprit nouveau qu'il apporte amènera un ordre de choses nouveau, « *Novus rerum nascitur ordo* » ; cela ne se fera pas révolutionnairement mais progressivement. Les lois civiles, il les respecte : il ordonne de payer et il paie le tribut à César, et à quel César ! Il le pousse bien loin ce respect de la loi. Il ne veut pas, devant la garde qui se présentait pour l'arrêter, user du droit de légitime défense, et il ordonne à Pierre de remettre son épée au fourreau. D'un mot foudroyant il a renversé les soldats romains ; mais après avoir montré sa puissance, il montrera sa soumission et se laissera conduire « à la boucherie » comme un agneau muet sous les ciseaux du tondeur.

Il nous a enseigné la *patience*, et cela admirablement. Il est venu au monde, portant au front une idée qui devait changer le monde, et il est resté au repos pendant trente ans. Puis il a parlé mais il a accepté le rôle de semeur. « Je vous dis en vérité, dit-il à ses Apôtres, que l'un sème et que l'autre moissonne. » Il a semé et même, selon l'expression d'un grand penseur chrétien, — il a été semé. — Si le grain ne meurt, dit-il en parlant de lui-même et de sa mort nécessaire, il ne porte point de fruit. Il a donc répandu par sa parole et par son exemple les germes immortels qui devaient faire éclore une société nouvelle ; mais il n'a pris aucun moyen violent pour hâter cette fécondation. Il n'a voulu forcer rien ni personne. « Je me tiens à la porte et je frappe, dit-il, si quelqu'un m'ouvre, j'entrerai ». Il ne force pas la porte. Il laisse au travail trop tardif hélas ! des libertés humaines le soin de poursuivre et de réaliser son œuvre.

Cette patience va jusqu'à la *résignation* et cette résignation jusqu'à *l'abnégation* la plus complète... Qui plus que lui avait le droit de réclamer qu'on rendît justice à son génie, à ses services, à son rang, tout au moins à ses intentions ? — Eh bien ! non-seulement il n'a pas ambitionné, mais il a fui les honneurs : fils de roi, il a deux fois refusé la couronne royale que se préparait à lui décerner l'ovation populaire. A-t-il flatté les grands ? A-t-il reçu quelque récompense de Pilate, ou d'Hérode, ou du Sanhédrin ? Des injures, des calomnies, une couronne d'épines, une croix !

Est-ce que Jésus-Christ, victime de l'ingratitude des hommes, pourrait leur enseigner la *reconnaissance* ? Mais qui est-ce qui a pu rendre service à Jésus ? Et cependant ce besoin de récompenser les services rendus était tellement dans son cœur, que ne pouvant trouver en lui-même la matière, dirais-je, de cette reconnaissance, il se substitue aux plus petits, aux indigents et déclare que, quiconque leur aura donné un verre d'eau en son nom, ce sera lui-même, le Fils de Dieu, qui se sentira l'obligé et qui prendra soin de le récompenser !

Enfin la grande vertu républicaine et humaine, celle qui est le principe et l'inspiratrice de toutes les autres, c'est la *fraternité*.

Au principe païen de la force, dont Rome était la haute expression, au principe froid et infé-

cond du droit strict qui est l'esprit des lois mo-
dernes, Jésus-Christ a substitué le principe nouveau de la fraternité, et c'est dans l'Évangile
que la République a été le chercher pour l'ins-
crire sur son drapeau. Apparaissant au milieu
d'un monde égoïste, de nationalités haineuses et
guerroyantes, de religions intolérantes et ja-
louses, Jésus-Christ a poussé ce cri sublime :
O hommes, vous êtes tous frères ! Et quand vous
parlerez à Dieu, dites-lui tous : Notre Père qui
es aux cieux! Car vous êtes tous des fils de
Dieu. Et il a scellé par sa mort son témoignage.
Le sang divin qu'il a versé pour l'universelle
rédemption est devenu le ciment de l'universelle
fraternité.

Eh bien ! nous chrétiens, nous revendiquons
fièrement pour notre Maître cette grande gloire
d'avoir inspiré au monde cet esprit nouveau, qui
se résume dans la fraternité, et qui, communi-
quant à notre République les vertus qui lui sont
propres, sera seule capable de faire vivre nos
chères institutions.

Vous avez compris déjà sans doute, chers lecteurs et concitoyens, que nous, qui nous appelons
chrétiens, nous ne sommes pas des chrétiens selon le *Syllabus*, ni selon l'*Univers* et que nous
refusons toute solidarité avec une Eglise dégéné-
rée d'où est sortie l'Inquisition. Nous n'avons,
quant à nous, reçu d'elle que des proscriptions et
des anathèmes Elle a été en guerre avec nous
avant d'être en guerre avec la société moderne,
et nous sommes aussi confondus qu'épouvantés
qu'on ait pu faire sortir de l'enseignement de
Jésus-Christ le despotisme et l'intolérance, qui

n'en sont que la parodie et l'infernale ironie. Nous sommes, nous voulons être des chrétiens tout simplement selon l'esprit de Jésus-Christ, et voilà pourquoi nous sommes jaloux qu'on lui rende la gloire qui lui revient, même dans l'ordre des choses humaines ; car c'est bien de lui que procèdent ces vertus si nécessaires à nos institutions républicaines. Ce serait une périlleuse inconséquence que de prétendre qu'on peut avoir les vertus de Jésus-Christ et se passer de Jésus-Christ.

L'esprit vraiment républicain et l'esprit vraiment chrétien se touchent par bien des points ; ou plutôt l'esprit vraiment républicain n'est que l'esprit chrétien dans ses applications politiques et sociales. De toutes parts, que de monarchistes et de républicains vont crier au paradoxe ! Ce paradoxe est la vérité même, et cette vérité, enfin reconnue, cette foi tout ensemble vraiment évangélique et vraiment républicaine acceptée, ferait le bonheur de mon pays et le salut de la République.

Oui, ô République que j'aime, mais que j'aime telle que je te contemple dans mes visions, qui ne sont point des illusions, quoiqu'elles ne soient pas encore des réalités, si je ne puis pas dire de toi ce que Polyeucte disait de Pauline :

> Elle a trop de vertus pour n'être pas chrétienne !

laisse-moi te le dire : Il te faut trop de vertus pour n'être pas chrétienne ! C'est une erreur de croire que, par haine et par fuite du cléricalisme, que tu confonds avec le christianisme, tu peux impunément refluer jusqu'à l'incrédulité et même jusqu'à l'athéisme. Cette erreur te serait funeste. Ce serait ton crime et ta ruine. Un peuple ne peut pas plus se passer de Dieu, qu'un cercle ne peut se passer de centre. O République de la Fraternité, tu es digne d'avoir pour Dieu le Dieu d'amour. L'athéisme ne pourra jamais produire ces vertus dont le Dieu d'amour seul est la source. Tu ne peux puiser que dans ta communion avec le cep divin la sève nourricière des fruits que tu dois porter. Tu seras chrétienne, entends-tu bien, chrétienne selon l'esprit de Jésus-Christ, ou tu ne seras pas.

VERSAILLES

IMPRIMERIE CERF ET FILS

59, RUE DUPLESSIS.

203